퀴즈, 유해 물질!

미생물이 묻고 어린이가 답한다

퀴즈, 유해 물질!

글 양서윤 | 그림 이경석 | 감수 최경호

초록개구리

차례

Q1. 지우개, 운동화, 아이스크림, 약에 들어 있는 것은? 9

Q2. 많이 먹어도 괜찮은 음식은? 13

Q3. 식탁에 둔 찹쌀떡이 일주일째 말랑말랑한 이유는? 17

Q4. 열을 받으면 위험해지는 것은? 21

Q5. 건강한 깔끔 왕이 되는 비법은? 25

Q6. 문구점에서 파는 제품 중 유해 물질 때문에 위험한 것은? 29

Q7. 다음 중 건강에 해롭지 않은 것은 무엇일까? 33

Q8. 어떤 냄새가 몸에 가장 해로울까? 37

Q9. 아기에게 해를 끼칠 수 있는 것은? 41

Q10. 라돈이 들어간 매트리스에서 자면 어떻게 될까? 45

Q11. 약을 올바르게 먹는 방법은? 49

Q12. 담배 연기에는 무엇이 들어 있어서 몸에 해로울까? 53

Q13. 유해 물질로부터 스스로를 지키려면? 57

Q14. 다음 중 안전한 화학 물질은 무엇일까? 61

Q15. 미래를 위한 친환경 화학 제품을 만드는 비법은? 65

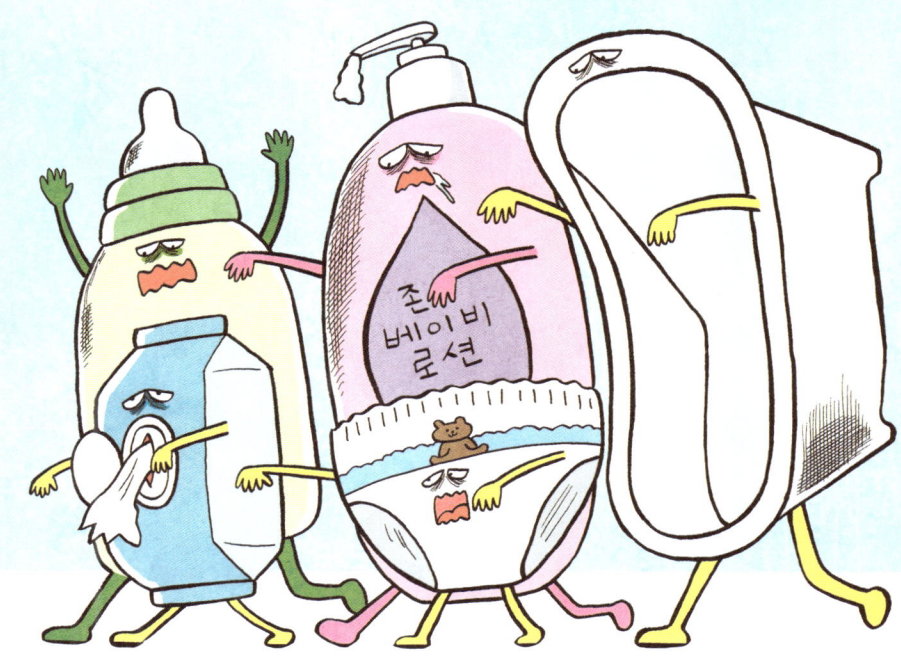

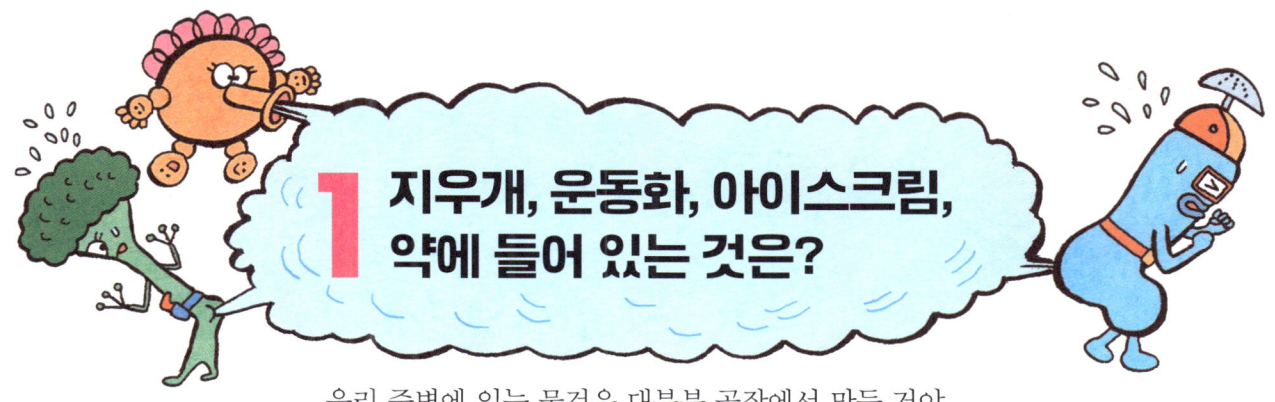

1 지우개, 운동화, 아이스크림, 약에 들어 있는 것은?

우리 주변에 있는 물건은 대부분 공장에서 만든 거야.
이들 물건에는 무엇이 들어 있을까?

❶ 설탕

❷ 침

❸ 화학 물질

❹ 노력

화학 물질이 뭐냐고? 답을 알려 줘도 뭐가 뭔지 모르겠다고?
단어는 낯설겠지만, 화학 물질은 우리 생활 곳곳에 있어.
옷과 신발, 학용품, 그릇을 비롯한 각종 용기, 의약품, 심지어 식품에까지,
사람들이 공장에서 만들어 내는 것 대부분에 화학 물질이 들어 있지.
화학 물질은 사람들이 광물이나 석유, 석탄에서 얻은 물질을 이용해
화학 반응을 일으켜서 만들어 낸 물질이야.
사람들은 편리하고 안전하게 살기 위해 화학 물질을 만들었어. 플라스틱은
여러 가지 물건을 가볍고 단단하게 만들 수 있고, 화학 섬유로 만든 옷은
질겨서 오래 입을 수 있어. 약과 세제는 사람들의 건강을 지켜 주었지.
하지만 화학 물질이 우리 몸을 병들게 할 수도 있어.
화학 물질 중 환경을 오염시키고 동물과 식물에 나쁜 영향을 끼치는 물질을

고마운 지식

인류를 구한 화학 물질

화학 물질은 사람들의 생명을 구하기도 해.
의약품은 결핵, 소아마비, 홍역과 같은 무서운 병으로부터 우리를 지켰지.
약이 없을 땐 수많은 사람들이 죽을 정도로 무서운 병이었는데 말이야.
살균제는 세균을 없애 주어서 인류의 위생 수준을 크게 높였어.
화학 비료와 농약은 농작물 생산을 늘려 굶주리는 사람을 줄였고.
나일론과 아크릴 같은 화학 섬유는 천연 섬유보다 질기고 값이 싸서
가난한 사람들도 따뜻하고 튼튼한 옷을 입게 되었지.

2 많이 먹어도 괜찮은 음식은?

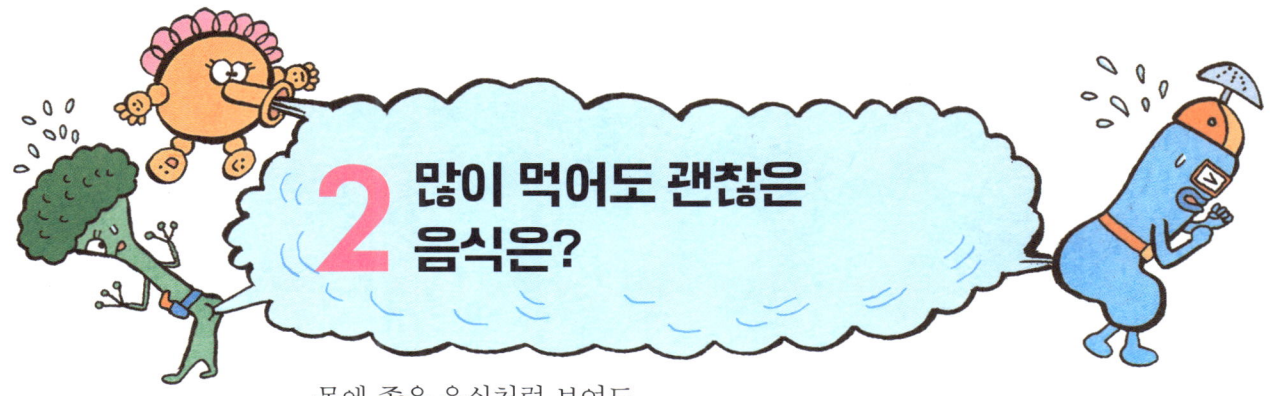

몸에 좋은 음식처럼 보여도,
많이 먹으면 몸에 해로운 물질이 들어 있는 음식도 있대!

❶ 작고 못생긴 귤

❷ 통조림 참치

❸ 먼 나라에서 온 바나나

❹ 커다란 연어

다른 귤에 비해 작고 껍질이 꺼끌꺼끌한 귤을 본 적 있니?
농약과 화학 비료를 뿌리지 않은 과일은 작고 못생긴 것이 많아.
그래도 이렇게 자연 그대로 자란 과일이 우리 몸에는 좋아.
정답이 1번이라면 통조림 참치, 먼 나라에서 온 바나나, 커다란 연어는
많이 먹으면 안 된다는 얘기겠지?
사탕, 과자, 아이스크림은 많이 먹으면 안 된다고 수없이 들었는데,
이런 음식을 많이 먹지 말라는 얘기는 처음 듣는다고?

이게 미세 플라스틱인데 크기 5mm 이하의 작은 플라스틱 조각을 말해. 너희가 버린 플라스틱 쓰레기가 바다로 흘러 들어와 파도와 태양 빛에 자연적으로 작게 부서진 거야.

나, 먹는 거 아니야~

물벼룩이 미세 플라스틱을 먹인 줄 알고 먹으면 그게 몸속에 남아.

물벼룩을 새우가 먹고 작은 물고기가 새우를 잡아먹고

자연에서 온 음식에도 유해 물질이 쌓인단다.
사람들이 오염 물질을 강과 바다에 버리면 물고기가 그걸 먹는데,
물고기 몸에 고스란히 쌓이는 오염 물질도 많아.
작은 물고기를 먹고 사는 참치와 연어 같은 큰 물고기 몸속에는
오염 물질이 더 많이 남아. 특히 수은 같은 유해 물질이 많이 쌓여.
작은 물고기 10마리를 먹은 큰 물고기에는 10마리만큼의 오염 물질이 쌓이는 거야.
그래서 큰 생선은 한꺼번에 너무 많이 먹지 않도록 조심해야 해.
게다가 금속 캔에서 흘러나오는 나쁜 화학 물질도 있거든.
칠레, 미국, 필리핀 등 먼 나라에서 들여오는 과일은 오는 동안
썩지 않도록 방부제를 듬뿍 뿌리기도 하는데,
방부제는 과일이 식탁에 오를 때까지 남아 있어.
그러니 수입한 과일을 먹을 땐 꼭 깨끗이 씻어 먹어!

알면 도움이 되는 지식
고기는 몸에 좋기만 할까?

쇠고기, 돼지고기, 닭고기……. 고기 많이 먹으라는 말을 들어봤지?
고기에는 어린이들이 성장하는 데 필요한 영양분이 많이 들어 있어.
하지만 과연 고기가 몸에 좋기만 할까?
자연에서 뛰놀며 자라는 가축과 비좁은 우리에서 키우는 가축은 달라.
우리에 갇혀 자유롭게 움직이지 못하는 가축은 면역력이 약해져 쉽게 병에 걸려.
사람들은 가축이 병에 걸리지 말라고 항생제를 먹인 적도 있단다.
빨리 고기로 내다 팔려면 쑥쑥 자라야 하니 성장 촉진제를 먹이기도 해.
항생제와 성장 촉진제는 가축 몸속에 차곡차곡 쌓이고,
그 고기를 먹는 우리 몸에까지 고스란히 전해진단다.
고기를 살 때에는 어떻게 자란 가축인지 잘 살펴봐.
고기 포장지에 붙은 마크를 확인하면 쉽게 알 수 있어.
동물복지 마크가 있는 고기는 자연에서 뛰놀며 자란 가축이고,
무농약, 유기농, 무항생제 마크는 화학 약품을 덜 쓰며 키운 가축을 말해.

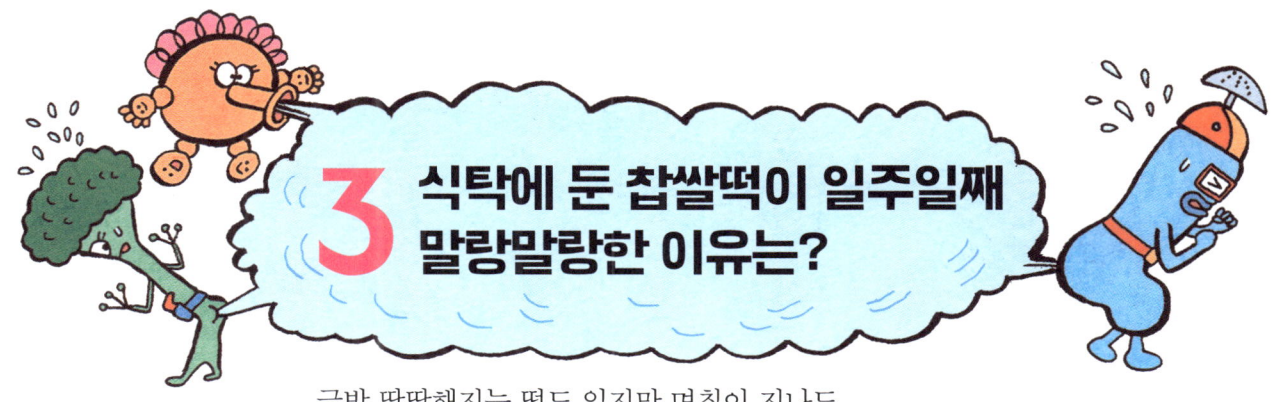

3 식탁에 둔 찹쌀떡이 일주일째 말랑말랑한 이유는?

금방 딱딱해지는 떡도 있지만 며칠이 지나도 말랑말랑한 떡도 있어. 그 이유가 뭘까?

❶ 좋은 재료로 만들어서

좋은 재료로 만드니까 말랑말랑하지롱~

❷ 찹쌀떡은 원래 말랑말랑하니까

원래 말랑말랑 하니까 말랑말랑하지롱~

❸ 말랑하게 만드는 화학 물질을 넣어서

이건 비밀인데 특별한 화학 물질을 넣어서 말랑말랑하지롱~

말랑말랑

❹ 마시멜로와 섞어서

찹쌀떡 마시멜로 변신 합체 크로~~스

정답은 3) 말랑하게 만드는 화학 물질을 넣어서

며칠째 부엌에 있던 밥을 본 적 있니? 딱딱하게 굳고 곰팡이가 생겼을 거야.
쌀로 떡을 만드니 떡도 오랫동안 두면 그렇게 된단다.
찹쌀떡이 오래도록 말랑말랑하다면 식품 첨가물 때문이야.
식품 첨가물이란 말 그대로 식품에 더 넣는 물질을 말해.
식품 첨가물을 넣으면 음식이 더 먹음직스러워 보이거나,
더 맛있게 느껴지거나, 시간이 지나도 굳지 않아.
그런데 대부분의 식품 첨가물은 인공 화학 물질이야.
천연 물질로 만든 식품 첨가물은 너무 비싸기 때문에
비슷한 맛과 향을 내는 인공 첨가물을 쓰는 거란다.

놀랍게도 어떤 떡에는 화장품 재료가 들어 있어.
피부를 촉촉하게 해 주는 '프로필렌글리콜'이란 화학 물질이
떡도 말랑말랑하게 해 주거든. 떡뿐 아니라 빵, 과자, 면, 아이스크림,
초콜릿, 껌에도 프로필렌글리콜이 들어 있어.
식품 하나에는 매우 적은 양이 들어 있지만,
과자나 빵을 많이 먹는다면 프로필렌글리콜이 우리 몸에 더 들어오겠지?
앞으로 간식을 먹을 때 식품 첨가물 성분을 반드시 확인해.

식품에 들어가는 화학 물질!!

첫 번째 오래오래 썩지 않는 방부제
- 초콜릿, 청량 음료, 유산균 음료, 고추장, 된장, 자장면, 치즈, 버터, 빵, 햄 등

소브산칼륨이 대표적이며 　　미생물이 음식을 썩지 못하게 한다. 　　많이 먹으면 눈과 피부에 문제를 일으킬 수 있다.

두 번째 맛있게 느껴지게 하는 감미료와 조미료
- 음료수, 과자, 라면, 통조림, 간장, 된장, 식초, 잼, 빙과류 등

 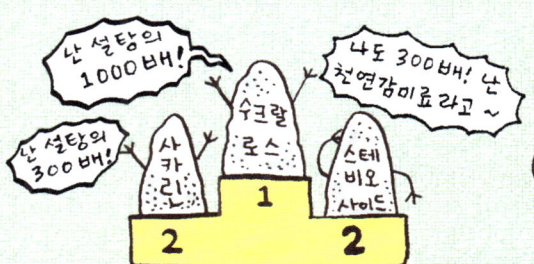 

사카린이 대표적이며 　　설탕보다 더 강한 단맛을 내거나 감칠맛을 낸다. 　　특정 감미료는 많이 먹으면 두통, 설사를 일으킬 수 있다.

세 번째 먹음직스럽게 보이게 하는 착색제, 발색제, 유화제
- 치즈, 버터, 햄, 소시지, 아이스크림, 과자, 캐러멜, 껌 등

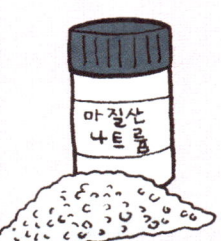  

아질산 나트륨이 대표적이며 　　먹음직한 색과 부드러운 식감을 만든다. 　　가공육에 발색제로 쓰이면 조리시 발암 물질을 만들 수 있다.

실망스런 지식

바나나 우유에는 바나나가 없다?

바나나 향이 나고 바나나 맛이 나는 바나나 우유는
아이부터 어른까지 좋아하는 맛있는 간식이야.
그런데 놀랍게도 바나나 우유에는 바나나가 전혀 들어 있지 않거나
아주 조금만 들었어. 바나나 없이 어떻게 바나나 맛과 향이 나는 걸까?
그 비밀은 바로 식품 첨가물이야.
바나나 향 합성 향료만 있으면 바나나를 넣지 않아도 바나나 향이 나거든.
달콤한 바나나 맛은 설탕이 내는 거야.
물론 바나나 과즙이 들어 있는 경우도 있지만 대부분 매우 적어.
우유 한 팩에 많아야 작은 숟가락 1개 정도의 과즙이 들어 있단다.
게다가 우유가 절반도 안 들어 있는 바나나 우유도 있어.
성분표를 잘 보면 '정제수'라는 물이 우유보다 많은 제품도 있어.
바나나 우유는 대부분 우유, 물, 설탕, 바나나 과즙 조금,
그리고 식품 첨가물로 만들어.
우유뿐 아니라 과일 맛 요구르트, 음료수, 사탕도
대부분 식품 첨가물로 그 과일의 향과 맛만 낸다는 사실, 잊지 마!

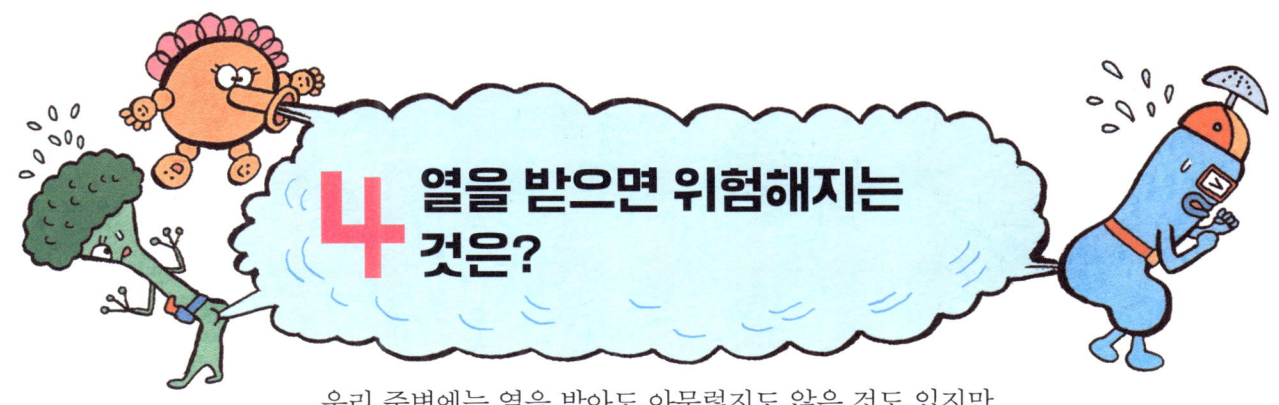

4 열을 받으면 위험해지는 것은?

우리 주변에는 열을 받아도 아무렇지도 않은 것도 있지만 해로운 물질이 나오는 것도 있단다.

❶ 피곤한 아빠
아빠 열 받아~
턱
아빠 좀 쉬자!

❷ 포장용 랩
랩 열 받아~
꺄악~ 구멍 났어!

❸ 스테인리스 냄비
냄비 열 받아~
턱
빙글빙글
열 받은 것 쯤이야~

❹ 도자기 컵
도자기 컵 열 받아~
통통
열 받아서 무릎 튕기기~

정답은 2) 포장용 랩

음식이 남으면 랩을 척척 씌워서 보관할 거야. 배달 음식도 랩으로 칭칭 감겨서 오지?
특히 음식점에서 사용하는 랩에는 PVC(폴리염화비닐)라는
플라스틱 같은 물질이 들어 있는데, PVC는 차가울 때는 괜찮지만
뜨거워지면 '환경 호르몬'이라는 유해 물질을 마구 뿜어내.
사람이 만들어 낸 화학 물질 중에는 우리 몸속 호르몬과 비슷한 물질이 있는데,
이 물질이 몸속에 들어가면 진짜 호르몬처럼 움직여서
우리 몸은 혼란에 빠지게 돼. 이런 물질을 '환경 호르몬'이라고 한단다.
환경 호르몬은 성호르몬에 영향을 미쳐서 사춘기가 빨리 시작되게 하거나
암을 일으키기도 해. 비만을 일으킬 수도 있어.
음식에 랩을 씌워 전자레인지에 데워 먹으면
환경 호르몬 범벅이 된 음식을 먹는 거니, 건강에 해롭겠지?

랩뿐만 아니라 플라스틱 그릇이나 컵을 데워도 환경 호르몬이 나와.
컵라면 용기도 전자레인지에 넣고 돌리면 환경 호르몬을 뿜어내지.
영수증, 장난감, 벽지에서도 환경 호르몬이 나와.
그뿐 아니라 오래된 플라스틱 용기나 코팅이 벗겨진 프라이팬에서도
환경 호르몬이 많이 나온단다.
환경 호르몬은 한창 자라는 어린이에게 더욱 해로워.
그러니까 더 주의해야겠지?

내 몸을 지키는 지식
환경 호르몬 몰아내기

어떻게 하면 환경 호르몬을 피할 수 있을까?
전자레인지로 음식을 데울 때에는 도자기나 유리 그릇에 음식을 덜어서 데우고,
컵라면을 먹을 땐 전자레인지에 돌리지 말아야 해. 컵라면을 조리하는
가장 좋은 방법은 아예 사기 그릇에 옮겨서 뜨거운 물을 붓는 거야.
플라스틱 그릇이 모두 위험한 건 아니야.
'전자레인지용'이라는 표시가 있으면 조금은 안심할 수 있어.

그렇다면 이미 몸속에 들어온 환경 호르몬은 어떻게 빼낼까?
하루에 5~8잔의 물을 마시고, 매일 땀이 날 정도로 운동을 하면
몸속 환경 호르몬이 빠져나가는 데 도움이 돼.
미역이나 다시마 같은 해조류와 현미, 채소, 과일을 먹어. 이런 음식은
장 운동이 활발해지게 도와서 몸속 환경 호르몬을 내보내는 데 도움을 줘.
쇠고기, 돼지고기, 닭고기에 있는 지방을 많이 먹으면
몸속에 잘 쌓이는 환경 호르몬도 있단다. 그러니 덜 먹어야겠지?

5 건강한 깔끔 왕이 되는 비법은?

집 안을 깔끔하게 청소하면서 내 몸도 안전하게 지키기 위해 꼭 필요한 것은 무엇일까?

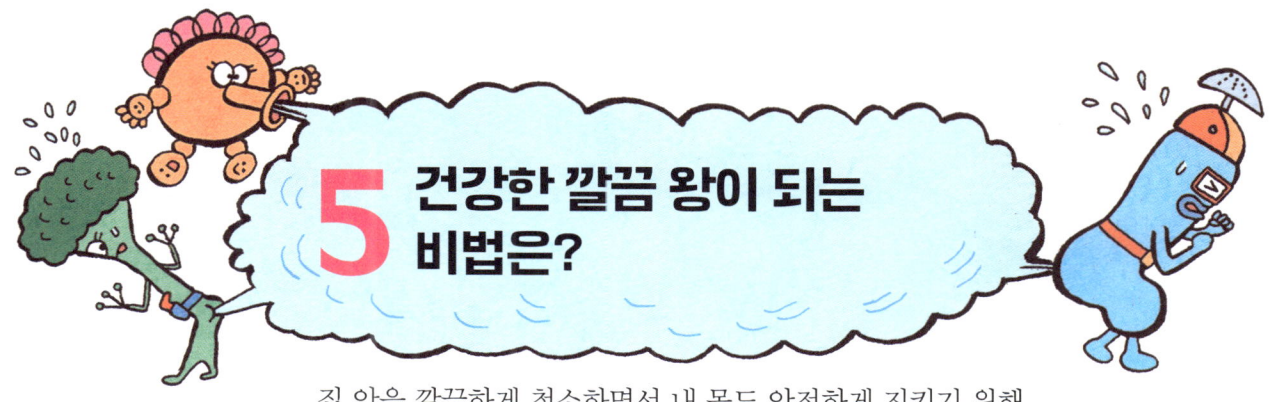

❶ 초강력 소독제
"별거 없어요. 초강력 소독제를 왕창 뿌리는 거죠~"
칙칙

❷ 물티슈
"물티슈를 목에 걸고 수시로 더러운 곳을 닦으면 돼요~"
"얼굴에 뭐 묻었네"
슥삭

❸ 물걸레
"물걸레가 최고죠. 청소도 하고~ 운동도 하고~"

❹ 왕 지우개
"옷에 묻은 얼룩도 왕 지우개로 지우면 끝!"
아아

물티슈, 비누, 세탁 세제, 주방 세제, 욕실 세제, 치약, 샴푸와 린스……,
모두 집에서 많이 봤을 거야. 집과 우리 몸을 깨끗하게 만드는 제품들이지.
그런데 겉보기에 깨끗하기만 하면 좋은 걸까?
몇몇 물티슈, 세제, 치약에는 파라벤이나 트리클로산 같은 화학 물질이 들어 있어.
모두 세균을 없애거나, 자라지 못하게 막는 물질이지.
그런데 우리 몸엔 나쁜 균도 있지만 좋은 균도 있어.
세제를 너무 자주 사용하거나 살균 기능이 강력한 세제를 사용하면
면역력을 키워 주는 유산균처럼 좋은 균도 함께 사라져.
그러니 세균을 지나치게 많이 없애면 사람에게도 해롭겠지?
물론 이런 제품을 전혀 쓰지 않을 수는 없어.
전염병을 막아 주는 훌륭한 역할도 하니까. 더러운 곳이 있다면
먼저 물로 청소한 다음 꼭 필요한 곳만 살균제를 사용하는 게 좋아.
물티슈보다는 물걸레로 닦는 것이 훨씬 좋고 말이야.

진짜 깔끔 왕이 되는 법!!

가짜 깔끔 왕 | 진짜 깔끔 왕

벅벅벅
아무 물티슈로 마구 가방을 닦는다.
(물티슈에 해로운 물질이 있을 수 있음)

박박박 / 세틸피리디늄…
걸레에 물을 적셔 닦는다. 물티슈를 쓸 경우 유해한 성분이 없는지 확인한다.

칙 칙
냄새가 나면 방향제를 뿌린다.
(호흡기에 해롭고 오히려 바이러스를 퍼뜨림)

칙
뿌리는 세제는 걸레에 묻혀 닦고, 방향제 대신 창문을 열어 환기한다.

꾹꾹꾹
파괴된 피부보호막 / 진드기, 바이러스 침투 / 각질층 / 표피세포
손 세정제를 듬뿍 쓴다.
(피부 보호막이 파괴됨)

꾹 / 트리클로산…
손 세정제는 적당량 사용하고 자주 씻자. 꼭 유해한 성분이 없는지 확인하자!

세틸피리디늄… 아~ 유해성분은 이름도 복잡해~

깔끔 왕의 길은 험난한 법

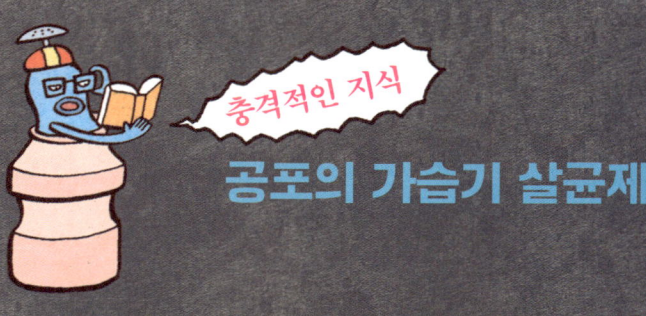

충격적인 지식

공포의 가습기 살균제

2011년 여러 명의 임산부가 심각한 폐렴에 걸려 입원했어. 그후 전국에 비슷한 증상을 보이는 환자들이 늘어났지만 의사들은 병을 일으킨 세균이나 바이러스를 찾지 못해 당황했지. 환자는 주로 임산부, 어린아이, 노인 들이었어.
몇 달 뒤, 몇몇 회사에서 만든 가습기 살균제가 원인이라고 밝혀졌어.
가습기는 방 안이 건조해지지 않도록 습도를 조절하는 전자제품인데, 관리를 제대로 하지 않으면 세균이 살기 좋아. 그래서 생활 화학 제품을 만드는 기업에서는 가습기 속의 세균을 없애는 살균제를 만들어 팔았어.
그런데 어느 회사에서 가습기 살균제에 사람 몸에 치명적인 화학 물질을 넣었어.
이 물질이 몸속에 들어가면 점점 폐가 굳어져 생명을 위협해.
이 사건으로 1,000명이 훨씬 넘는 사람들이 죽었고,
수천 명의 사람들이 아직까지도 고통 받고 있어.
정부는 가습기 살균제를 만든 회사를 처벌하고
생활 화학 제품을 안전하게 관리하는 법도 만들었지만
이미 세상을 떠난 사람들을 되살리기엔 너무 늦었어.
가습기 살균제 사건은 위생을 지키려 사용한 화학 물질이
오히려 사람의 목숨을 위협한 충격적인 사건이야.

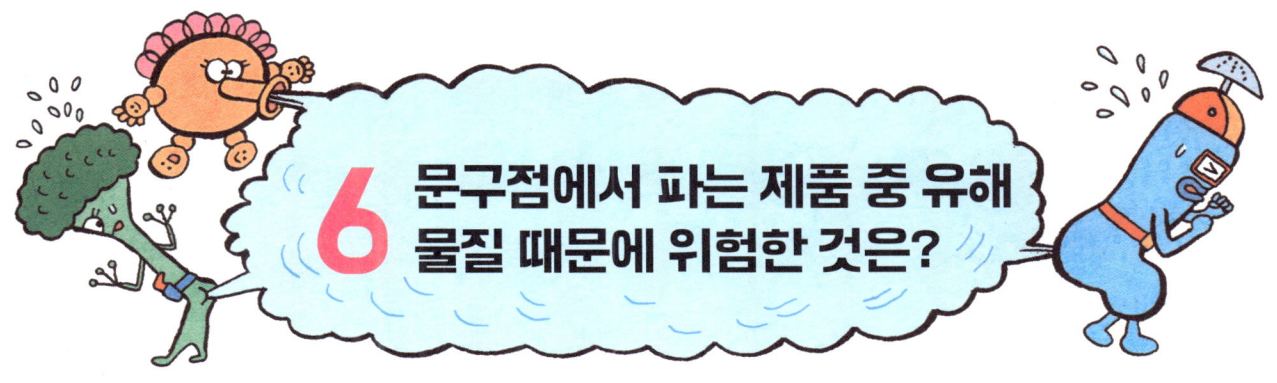

6 문구점에서 파는 제품 중 유해 물질 때문에 위험한 것은?

문구점에서는 학용품뿐 아니라 장난감도 팔아.
그런데 어린이들이 즐겨 찾는 이곳에도 위험한 제품이 있단다.

❶ 슬라임
분홍색 슬라임 만졌더니 손이 분홍색이야~

❷ 물감
물감 묻은 곳이 가려워~

❸ 비눗방울
비눗방울 공격~
앗~ 따가워~

❹ 지우개
어? 지우개 냄새 맡았는데 콧물이….
쿵 쿵

정답을 보고 놀랐니? 네 방에 다 있는 거라고?
슬라임을 쫀득쫀득하게 하기 위해서는 화학 물질을 넣어야 해.
물감의 색을 만들고 비눗방울을 안 터지고 커다랗게 만들게 하기 위해서도,
지우개에서 좋은 향이 나게 하거나 말랑말랑하게 만들기 위해서도
화학 물질이 필요해.
그런데 몇몇 회사에서 만든 슬라임, 비눗방울, 지우개에서
안전 기준을 훨씬 뛰어넘는 유해 물질이 나왔어.
몇몇 필통, 물감, 크레용, 책가방뿐 아니라 농구공에서도
유해 물질이 발견됐지. 안전 기준보다 무려 3000배나 높은
유해 물질이 나온 적도 있어.
장난감이나 문구를 만진 손이 갑자기 빨개지거나 가려워졌다면
그 물건에 유해 물질이 있다고 의심해도 좋아.
이럴 때는 비누로 잘 씻고 다음부터는 만지지 마.
아기들은 장난감을 입으로 빨기도 해서 더 위험해. 손으로 만지는 것보다
입에 닿으면 유해 물질이 훨씬 더 빨리 몸에 흡수되기 때문이지.
유해 물질을 피하려면 어떻게 해야 할까?
물건을 살 때에는 KC 마크가 있는지 꼭 확인해.
KC 마크가 있는 제품은 국가가 안전·보건·환경·품질을 검사했다는 뜻이거든.

도움 되는 지식

슬라임을 안전하게 버리는 방법

몽글몽글한 슬라임은 만지면 마음이 편안해져서 인기가 많아.
하지만 몇몇 슬라임이 유해 물질 범벅이라고 밝혀졌고
사람들은 앞다투어 슬라임을 버렸지.
그런데 유해 물질 범벅이라는 슬라임을 그냥 버려도 될까?
슬라임을 아무렇게나 버리면 오히려 환경에 해로워.
슬라임을 변기에 넣거나 물에 흘려 보내면 안 돼.
슬라임 속 유해 물질이 물을 오염시키고 물고기들을 병들게 하거든.
함부로 불에 태워서도 안 돼. 오염 물질이 공기 중으로 나오니까.
가장 좋은 방법은 평평하게 펴서 햇볕에 바싹 말린 다음
종량제 쓰레기 봉투에 넣는 거야. 이 쓰레기 봉투는 쓰레기 소각장으로
가는데, 그곳에는 유해 물질을 걸러내는 장치가 있기 때문이야.
슬라임을 쓰레기 봉투에 그냥 넣으면 곰팡이가 생길 수도 있으니
말려서 버리는 게 좋아.

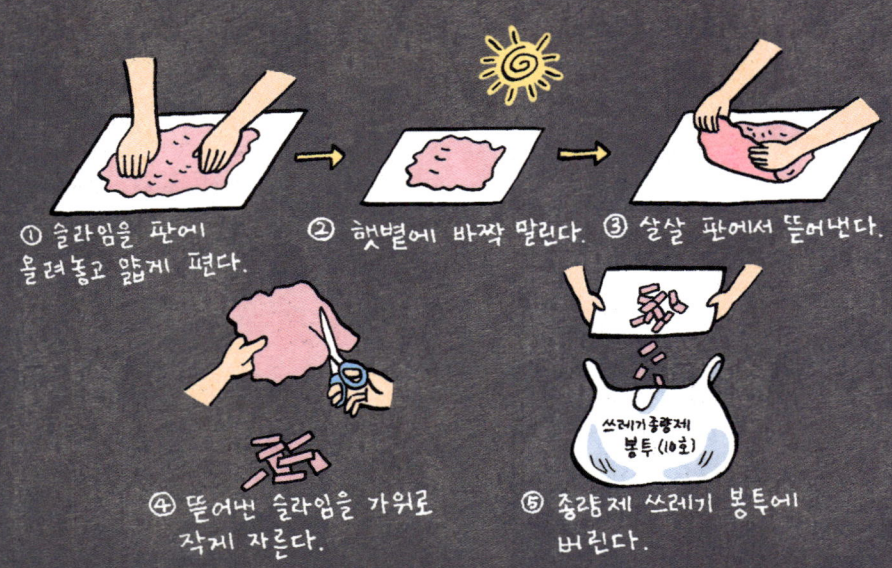

① 슬라임을 판에 올려놓고 얇게 편다.
② 햇볕에 바싹 말린다.
③ 살살 판에서 뜯어낸다.
④ 뜯어낸 슬라임을 가위로 작게 자른다.
⑤ 종량제 쓰레기 봉투에 버린다.

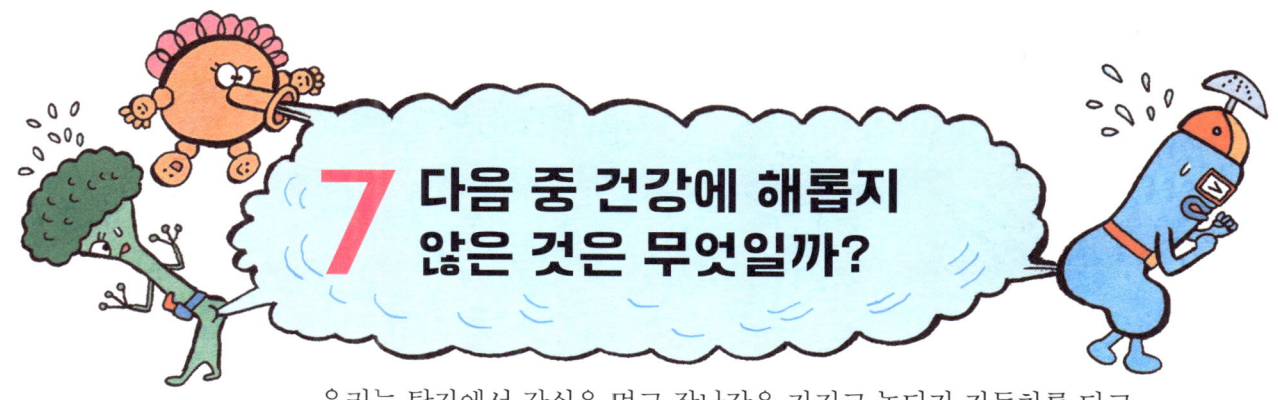

7 다음 중 건강에 해롭지 않은 것은 무엇일까?

우리는 탁자에서 간식을 먹고 장난감을 가지고 놀다가 자동차를 타고 밖으로 나가. 그런데 이런 일상 중에도 몸에 해로운 것이 있단다.

❶ 새 아파트

❷ 할머니가 물려준 낡은 탁자

❸ 갓 제작된 자동차

❹ 새 장난감

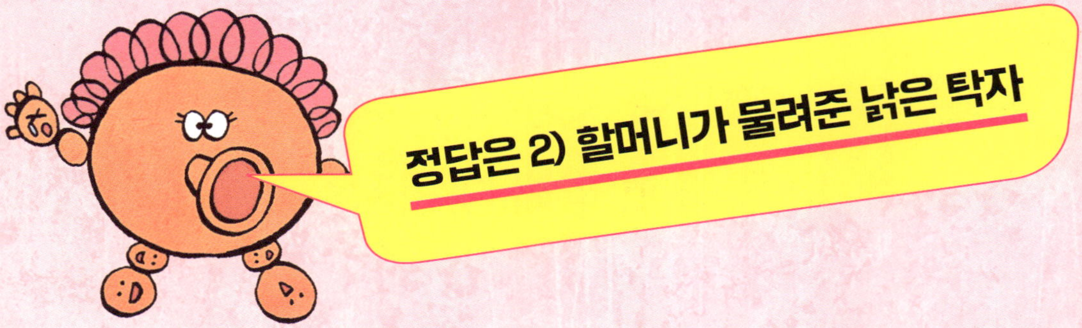

정답은 2) 할머니가 물려준 낡은 탁자

새집에서 이상한 냄새를 맡은 적 있니?
눈이 따갑거나, 피부가 가렵거나, 콧물이 흐르거나, 머리가 아팠다면
새집 증후군 때문이야. 새집 증후군이란 새집으로 이사한 뒤 생기는
두통, 피로, 호흡 곤란, 천식, 비염, 피부염 같은 병을 말해.
건물을 새로 지을 때 사용한 건축 자재나 벽지에
포름알데히드, 벤젠, 톨루엔 같은 유해 물질이 있을 때 생기는 증상이야.
자극적인 유해 물질은 코를 통해 몸속으로 들어와. 유해 물질 냄새를 맡으면
어지럽고 피곤해져. 냄새가 심하면 구토를 하거나 몸이 떨리고 설사를 하기도 해.
암을 일으키는 화학 물질이 나오기도 하고.
새집뿐 아니라 새 자동차, 새 장난감, 새 가구 등 새 물건에서도
유해 물질이 나올 수 있단다.

새집 증후군을 없애려면 이사 가기 전에 충분히 환기를 해야 해.
유해 물질은 뜨거운 온도에서 공기 중으로 날아가니까
집 안 온도를 확 높인 뒤 환기를 하는 것도 좋아.
관음죽, 대나무야자, 고무나무처럼
유해 물질을 빨아들이는 식물을 키우는 것도 좋은 방법이야.
무엇보다 유해 물질이 적은 재료로 집을 짓는 것이 가장 중요하겠지?
새 물건을 사용하기 전 창문을 열어 바깥 공기를 충분히 쏘이면
훨씬 안전하게 쓸 수 있어.

건물 벽 페인트
- VOCs, 톨루엔, 납, 방부제
  → 구토, 멀미, 환각, 정신착란

PVC, 타일, 단열재
- VOCs, 자일렌
  → 구토, 발암물질, 신경계 독성

바닥재, 장판
- 포름알데히드, VOCs
  → 눈자극, 피부질환, 두통, 생식기능 저하

새집증후군 제거 방법
베이크아웃!!

① 먼저 새 가구 문, 서랍 등을 열어 둔다.
② 외부와 통하는 문을 모두 닫는다.
③ 난방기를 틀어 실내 온도를 35~40℃로 올리고 5~6시간 기다린다.
④ 문과 창문을 모두 열고 1~2시간 환기한다. 이 과정을 4~5회 반복한다.

뜻밖의 지식

새집 증후군의 원래 이름은?

'새집 증후군'의 원래 이름은 '병든 건물 증후군'이었어.
밖에서 멀쩡하던 사람이 건물에만 들어가면 몸이 아파 왔기 때문이야.
1970년대에 석유를 생산하는 나라들이 갑자기 석유 가격을 올렸어. 주로 난방에 쓰이던
석유가 비싸지니 사람들은 사용을 줄여야 했지. 사람들은 석유를 적게 쓰면서
따뜻하게 지내기 위해 밖의 차가운 공기는 들어오지 못하게 막고, 안의 따뜻한 공기는
빠져나가지 못하게 했어. 이중창과 단열재를 이용해서 말이야.
하지만 집에만 들어서면 사람들은 고통을 호소했어. 숨을 쉬기 어렵고,
목과 눈이 따가운 데다, 피부도 가려웠지. 특히 새로 지은 집에 사는 사람들의
증상이 심각했는데, 새집에 쓰인 건축 자재에서 유해 물질이 나오기 때문이었어.
따뜻하게 지내려고 창문을 꽁꽁 닫고 환기를 안 하자
집 안에 있던 유해 물질이 빠져나가지 못하고 사람 몸속으로 들어온 거지.
사람들은 이러한 증상에 '새집 증후군'이란 새 이름을 붙였단다.

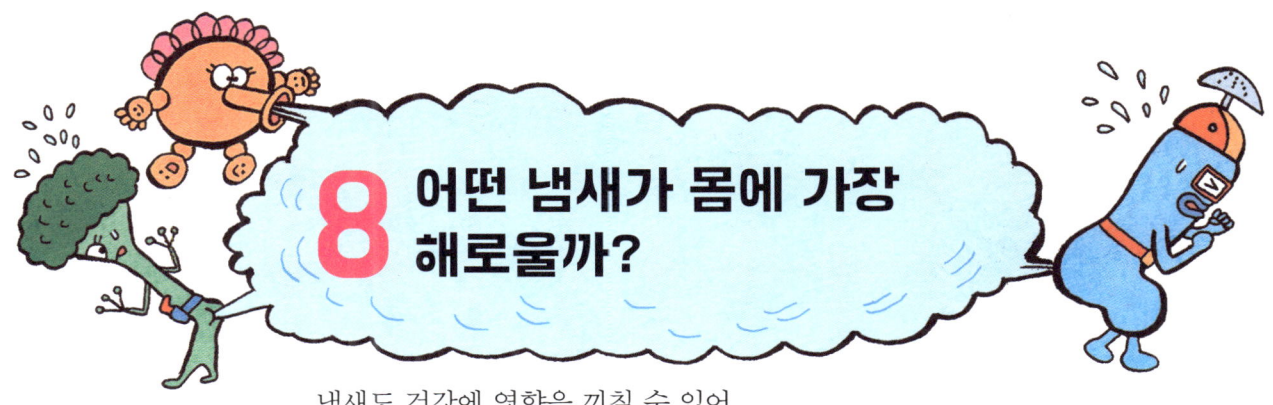

8 어떤 냄새가 몸에 가장 해로울까?

냄새도 건강에 영향을 끼칠 수 있어.
몸에 해로운 냄새는 어떤 걸까?

❶ 개똥 냄새
무심코 맡은 개똥 냄새 당신의 건강을 위협합니다!!

❷ 섬유 탈취제 향기
섬유 탈취제 향기, 자꾸 맡으면 해롭습니다!

❸ 청국장 냄새
청국장 냄새로부터 우리 아이를 지켜주세요!!

❹ 땀 냄새
땀 냄새 한번 맡으면 수명 1년씩 줄어듭니다!!

정답은 2) 섬유 탈취제 향기

많은 사람들이 옷에 고약한 냄새가 배면 섬유 탈취제를 뿌려.
집에서 음식 냄새가 나면 향초를 켜고, 차에서 퀴퀴한 냄새가 나면
방향제를 사용하지. 이렇듯 나쁜 냄새를 기분 좋은 냄새로 바꾸는 제품이 많아.
그런데 향을 내뿜는 제품 중 많은 것에 유해 물질이 들어 있어.
향기를 널리 퍼트리려면 그것을 돕는 화학 물질이 필요한데,
이 물질에 유해 성분이 있으면 호흡기를 자극해 재채기와 콧물이 나기도 해.
신발 냄새 제거제처럼 강력한 냄새를 없애는 제품은
포름알데히드처럼 위험한 유해 물질을 사용한 적도 있어.
향초는 주로 석유로 만든 파라핀과 향료로 만드는데, 초에 불을 붙이면
이산화탄소는 물론 유해 물질이 생겨나. 집에서 나는 음식 냄새를 없애려다
오히려 유해 물질로 집 안을 채우는 셈이지.

그렇다면 고약한 냄새가 날 때는 어떻게 해야 할까?
간단해! 냄새나는 물건을 치운 다음 문을 열어 환기를 하면 돼.
냄새나는 물건을 그대로 두면 향수를 아무리 뿌려도 냄새를 가릴 뿐
냄새가 사라지는 건 아니니까.

알아야 사는 지식
편리하지만 위험한 스프레이

스프레이 제품은 사용이 간편해 인기가 높아.
살충제, 섬유 탈취제, 헤어 스프레이 등 일상에서 쉽게 만날 수 있지.
스프레이는 액체를 뿌릴 수 있을 정도의 작은 알갱이로 만든 거야.
칙칙 뿌리기만 하면 순식간에 사방으로 퍼지지. 그래서 코를 통해 우리 몸에 들어와.
그런데 살충제에는 해충을 죽이는 화학 물질이,
섬유 탈취제에는 나쁜 냄새를 좋은 냄새로 바꾸는 화학 물질이,
헤어 스프레이에는 머리 모양을 손쉽게 만들 수 있는 화학 물질이 들어 있어.
이런 화학 물질 중에 종종 유해 물질이 있기도 한데,
심지어 가습기 살균제에 쓰인 성분이 나오기도 했어.

스프레이를 뿌리면 스프레이 속 물질이 안개처럼 퍼져. 눈에 보이지도 않아.
이렇게 작기 때문에 코에서 걸러지지 않고 쉽게 우리 호흡기로 들어가.
가습기 살균제에 'PHMG'와 'PGH'라는 화학 물질이 들어 있었는데,
이 물질은 피부에 직접 바르거나 먹을 땐 크게 해롭지 않아.
다른 살균제에 비해 독성이 약해서 샴푸, 물티슈 등 생활용품에 널리 쓰였지.
하지만 작은 알갱이가 된 'PHMG'와 'PGH'을 코로 들이마시자 큰 문제가 됐어.
많은 사람들이 죽거나 병들었지.
어떤 화학 물질은 피부에 바르는 것과 코로 마시는 것의 피해가 완전히 달라.

9 아기에게 해를 끼칠 수 있는 것은?

아기는 연약해서 보호해 줘야 해.
자칫하면 아기를 위험하게 만드는 것은 무엇일까?

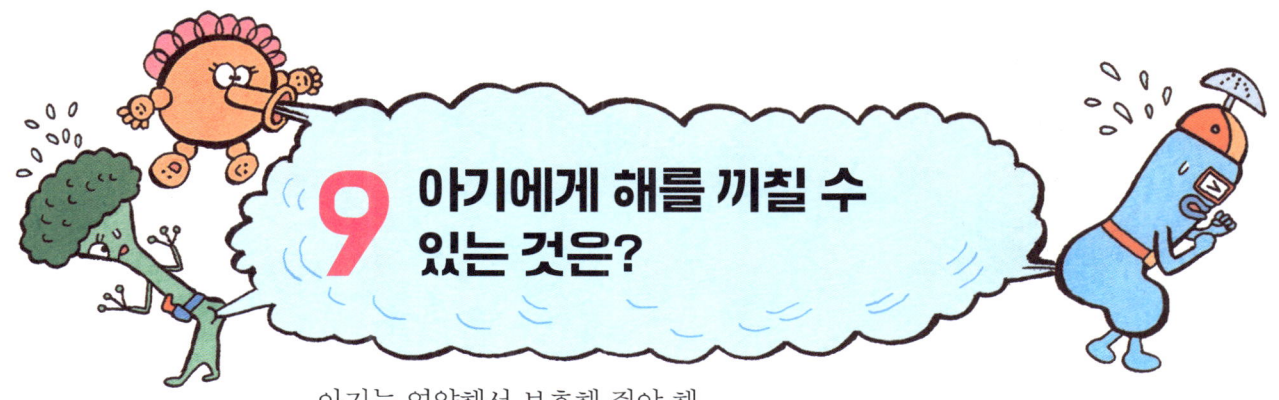

① 일회용 기저귀
② 방귀 냄새
③ 자장가
④ 그림 없는 책

아기는 태어나서 몇 년 동안 기저귀를 해.
기저귀는 천으로 만든 기저귀와 일회용 종이 기저귀가 있는데,
지금은 많은 아기들이 종이 기저귀를 쓰고 있어.
그런데 이 종이 기저귀에서 유해 물질이 나온 적이 있단다.
몇 년 전 몇몇 기저귀와 생리대에서 프탈레이트 같은 환경 호르몬이 나왔어.
면역력이 약한 아기들이 하루 종일 차는
기저귀에서 유해 물질이 나오자 사람들은 분노했어.
그뿐 아니라 아기들이 쓰는 몇몇 물티슈에서도 유해 물질이 나왔어.
더러운 균에 감염되지 않으려고 사용하는 제품이 오히려 아기를 공격하다니!
상상도 못 한 일에 사람들이 거세게 항의했지.
이 밖에도 아기들이 자주 쓰는 플라스틱 컵, 젖병, 로션, 장난감에서도
유해 물질이 발견되었단다. 아기용 제품이라 해도 항상 안전한 것은 아니니
제품 뒷면의 성분표를 확인해서 유해 물질이 있는지 확인해야 해.

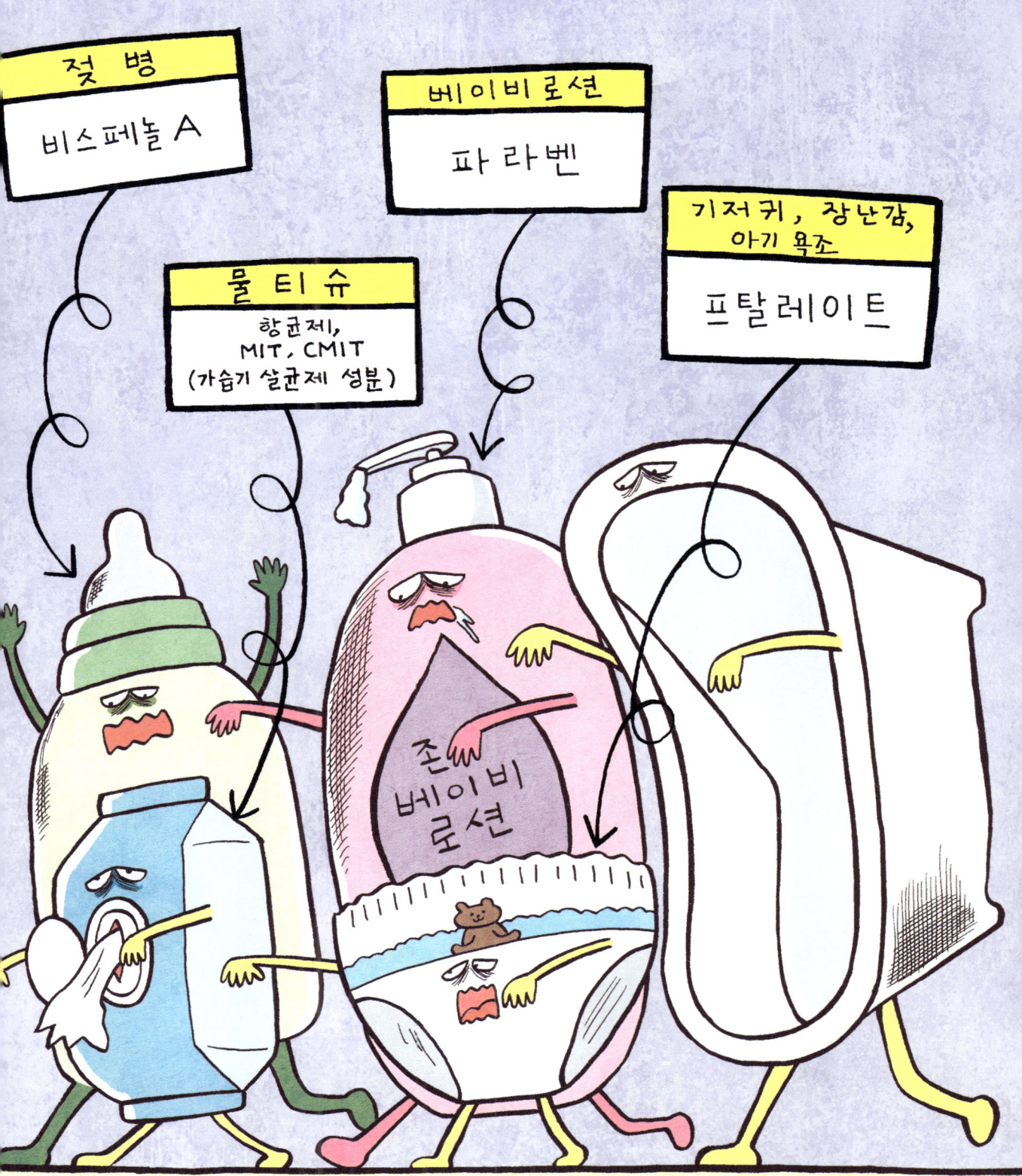

놀라운 지식

어릴수록 더욱 위험한 환경 호르몬

환경 호르몬은 누구에게나 나빠. 그런데 한창 성장하는 아기와 어린이에게는
더욱 해로워. 성장할 때는 외부에서 들어오는 것을 무엇이든 많이 흡수하는데,
몸속 기관은 아직 자기 몸을 지킬 만큼 충분히 발달하지 않았어.
그러다 보니 어린아이들은 환경 호르몬조차 어른에 비해
더 많이 흡수하지만, 그것을 몸 밖으로 내보내는 기능은 훨씬 떨어져.
아기는 엄마 배 속에 태아로 있을 때부터 무척 빠르게 자라는데, 뼈와 몸을 만드는
세포가 만들어질 때 환경 호르몬이 들어오면 호르몬 관련 장애는 물론이고,
어른이 된 다음 여러 가지 질병에 걸리기 쉽게 된단다.
이 시기에 생긴 장애는 돌이키기 어려워.
어릴 적 몸속에 들어온 환경 호르몬은 어른이 되어서 나쁜 영향을 일으키기도 하고,
훗날 아기를 낳으면 그 아기에게까지 영향을 미쳐.

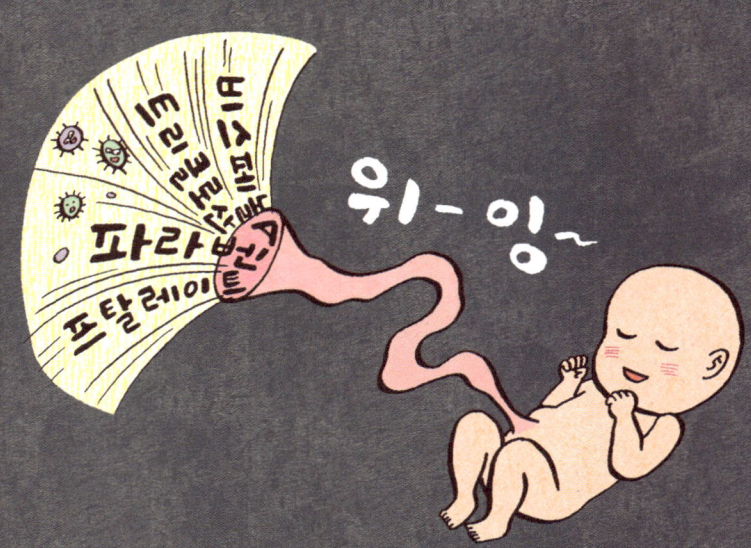

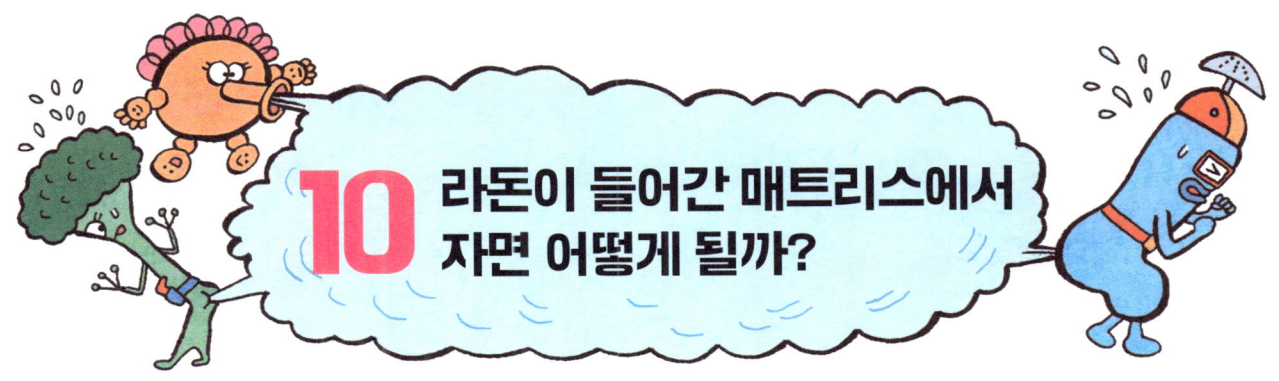

10 라돈이 들어간 매트리스에서 자면 어떻게 될까?

라돈은 방사능이 있는 물질이야. 그런데 몇몇 침대 매트리스에서 라돈이 나와 큰 문제가 되었지. 대체 어떤 문제를 일으킬까?

❶ 누가 깨우기 전엔 못 일어난다.

❷ 자다가 돌아다닌다.

❸ 악몽을 꾼다.

❹ 서서히 병이 생긴다.

정답은 4) 서서히 병이 생긴다.

화학 물질은 사람의 손이 닿지 않은 자연에도 있는데,
라돈은 토양이나 암석처럼 자연에서 발생하는 화학 물질 중 하나야.
방사능이 있는 물질이라 많은 양의 라돈을 쐬면 몸에 무척 해로워.
암을 일으키는 물질이거든.
그런데 이렇게 해로운 물질이 왜 침대 매트리스에서 나온 걸까?
한때 '음이온'이 건강에 좋은 영향을 끼친다고 알려진 적이 있어.
침대 회사에서는 건강에 좋은 매트리스를 만든다며
매트리스에 음이온을 내뿜는 광물 가루를 넣었어.
그런데 광물 가루가 음이온뿐 아니라 라돈 범벅이었던 거야.
몇몇 소파, 온수 매트, 베개에서도 라돈이 나왔단다.

그렇다면 우리 집에 있는 제품에 라돈이 얼마나 있는지 어떻게 알 수 있을까?
라돈 측정기를 이용하면 돼. 주민 센터나 구청에서 무료로 빌려주는데,
간단한 기구라 어린이도 쉽게 집 안의 라돈 수치를 검사할 수 있어.
라돈 수치가 148베크렐(bq/m³)을 훌쩍 넘는 제품이라면 위험하니 반품해야 해.
하지만 그 정도로 높지 않다면 환기를 자주 하면 돼.
라돈은 발암 물질이어서 수치가 낮을수록 좋아.
자연에서 생긴 물질이라 완전히 없애기는 힘들어.
그러니 아주 적은 양이라면 너무 걱정하지 마.

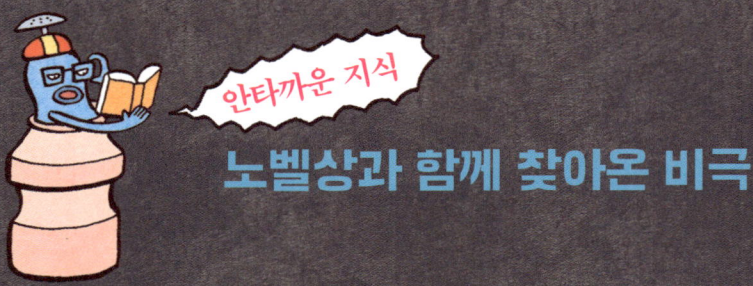

안타까운 지식
노벨상과 함께 찾아온 비극

여성 최초로 노벨상을 받은 사람은 누구일까?
바로 마리 퀴리야. 물리학상과 화학상, 두 번을 받았지.
마리 퀴리는 강력한 방사능 물질인 라듐을 발견해 노벨상을 수상했어.
그땐 방사능이 사람에게 얼마나 해로운지 아무도 몰랐어.
마리 퀴리는 아무런 안전 장치 없이 라듐을 연구했지.
방사능은 '침묵의 살인자'라고 불릴 만큼 위험한 물질이야.
방사능에 닿으면 당장 아프지는 않지만 서서히 큰 병이 들지.
방사능 때문에 백혈병과 암처럼 심각한 병에 걸릴 수 있어.
마리 퀴리는 방사능 물질을 연구하다 백혈병과 골수암에 걸려 목숨을 잃었어.
딸 이렌 퀴리도 엄마의 뒤를 이어 방사능을 연구하여 노벨 화학상을 받지만,
오랜 연구 끝에 백혈병에 걸려 세상을 떠났어.
마리 퀴리와 딸은 방사능 물질을 연구해서 노벨상을 받았지만,
방사능 물질 때문에 목숨을 잃고 말았어.

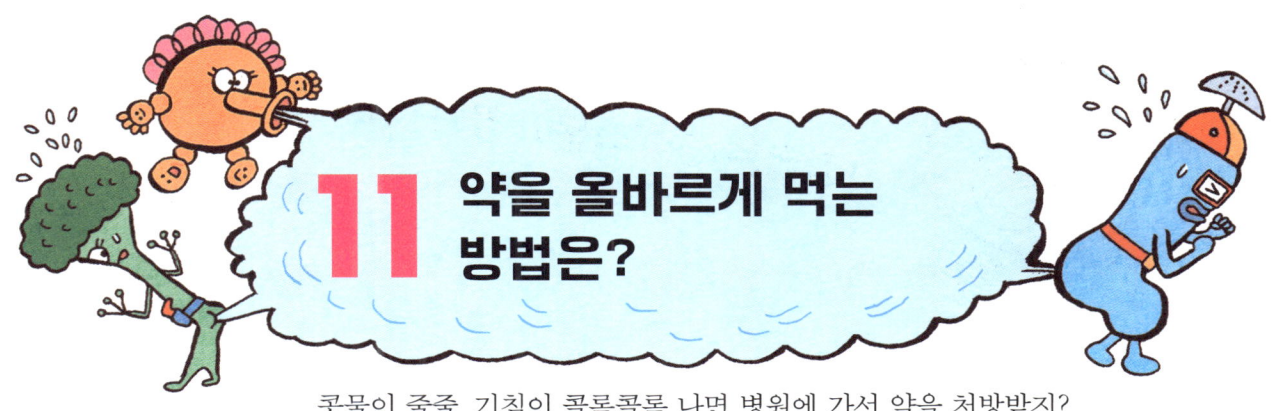

11 약을 올바르게 먹는 방법은?

콧물이 줄줄, 기침이 콜록콜록 나면 병원에 가서 약을 처방받지?
그런데 약을 잘못 먹으면 오히려 병에 걸릴 수도 있다는 사실!

❶ 아플 것 같을 때 미리 약을 먹는다.
❷ 다 나은 것 같으면 약을 그만 먹는다.
❸ 어른 약은 반만 먹는다.
❹ 부작용이 있는지 살펴본다.

정답은 4) 부작용이 있는지 살펴본다.

약은 감기처럼 가벼운 병부터 암처럼 심각한 병까지 치료해.
그런데 약국에서 파는 많은 약이 화학 물질로 만들어졌다는 사실, 알고 있니?
그래서 약은 꼭 의사의 처방을 받아서 먹어야 하고,
약봉지에 쓰여 있는 양, 횟수, 기간, 보관법을 잘 따라야 해.
휴일이라 병원이나 약국에 갈 수 없을 때는 증상이 비슷하다고 해서
엄마 아빠 약을 먹어서는 안 돼. 조금이라도.
어떤 약은 어른에겐 병을 낫게 하지만 아이에겐 부작용이 크기도 하거든.
빨리 낫고 싶다고 한 번에 많이 먹어서도 안 되고, 하루 1번만 먹는 약을 3번 먹어서도 안 돼.
다 나은 것 같다고 마음대로 약을 안 먹으면 다시 증상이 돌아와.
특히 항생제는 끝까지 먹어야 해. 항생제가 듣지 않는 병균이 생길 수도 있거든.
냉장고에 넣지 않으면 약효가 사라지는 약도 있으니 보관법도 잘 지켜야 해.
약 설명서가 있다면 꼼꼼히 읽어 보고 부작용이 있는지 확인하렴!

자기도 모르는 사이에 약을 먹을 때도 있단다.
우리는 음식으로 항생제를 먹기도 해. 닭, 돼지, 소, 오리 같은 가축이
세균에 감염되지 않도록 사료에 항생제를 섞을 때가 있는데,
가축이 이런 사료를 먹으면 그 고기를 먹는 우리도 저절로 항생제를 먹는 셈이야.
그 때문에 우리나라에서는 가축 사료에 항생제를 함부로 쓰지 못하도록
법을 만들었지.

끔찍한 지식
어떤 약도 듣지 않는 슈퍼 박테리아

항생제는 병균을 물리치는 고마운 약이야.
그런데 불필요하게 자주 사용하거나, 증상이 나아진 것 같다고 그만 먹으면 안 된단다.
그러면 세균이 약에 견디는 힘을 길러서 약 효과가 떨어지거든.
병을 일으키는 세균이 돌연변이를 일으키기 때문이야.
이처럼 어떤 약도 듣지 않는 돌연변이 세균을 '슈퍼 박테리아'라고 불러.
슈퍼 박테리아는 어떤 항생제로도 죽일 수 없어.
오늘날 과학자들은 슈퍼 박테리아를 잡을 또 다른 항생제를 개발 중이란다.
슈퍼 박테리아가 생기지 않도록 항생제는 의사의 처방에 따라
필요할 때만 용법에 따라 먹어야겠지?

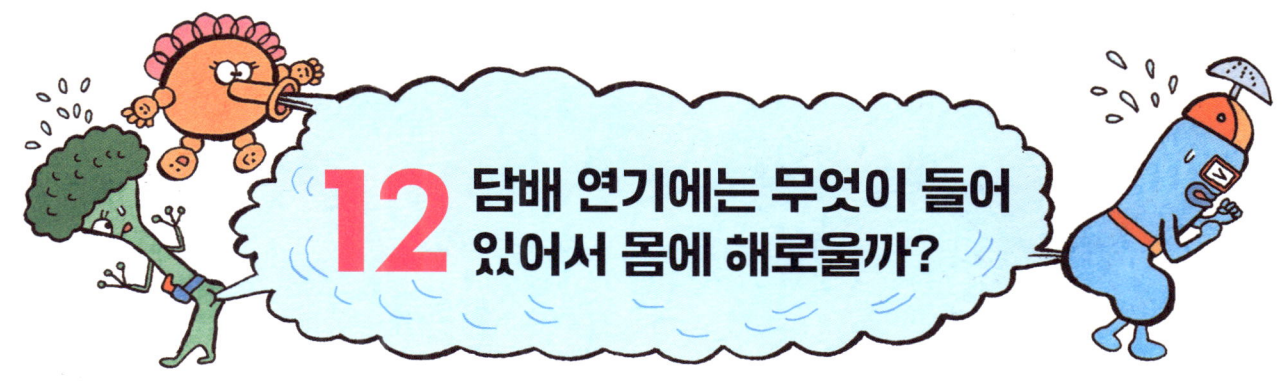

12 담배 연기에는 무엇이 들어 있어서 몸에 해로울까?

콜록콜록! 냄새만 맡아도 기침이 나지?
담배 연기에 뭐가 들어 있을까?

❶ 쓰레기

❷ 오줌

❸ 독성 물질

❹ 술

정답은 3) 독성 물질

많은 어른들이 담배가 몸에 해롭다고 말하지?
아마 담배 끊기를 권하는 광고도 텔레비전에서 한 번쯤 봤을 거야.
담배에는 무려 4000개가 넘는 유해 물질이 들어 있어.
그중 적어도 12개는 암을 일으키는 발암 물질이야.
담배에 들어 있는 대표적인 유해 물질은 니코틴이야.
신경을 흥분시키거나 마비시키고, 혈압을 높여.
담배는 한번 피우기 시작하면 안 피우고는 못 견디게 되고,
마침내 끊지 못하는 지경에 이르게 돼. 이런 상태를 두고 '중독'되었다고 말하지.
담배 연기에 들어 있는 대표적인 유해 물질은 타르, 일산화탄소, 청산가스야.
타르는 여러 가지 독성 물질이 섞여 있는 발암 물질이야.
일산화탄소는 몸속에서 산소가 이동하는 걸 방해하고,
청산가스는 매우 적은 양으로도 사람의 목숨을 잃게 하는 위험한 물질이야.
이 외에도 담배 연기에는 휘발유에 들어 있는 휘발성 유기 화합물,
건전지를 만드는 카드뮴, 방사능 물질인 폴로늄, 매니큐어를 지우는
아세톤 등이 들어 있어.
그래서 담배를 피우면 입 안부터 식도, 후두, 폐에 이르기까지
담배 연기가 지나가는 부분에 병이 생기기 쉬워.
아무리 담배가 나빠도 독성이 이렇게 많은지 몰랐지?
전자 담배도 보통 담배와 다를 바 없다고 생각하면 돼.

마약보다 중독성이 더 심한 담배

담배를 피우는 사람들은 담배가 해로운지 몰라서 계속 피우는 걸까?
그렇지 않아. 담배 갑에는 담배를 피울 때 어떤 병에 걸릴 수 있는지
무시무시한 사진과 글이 똑똑히 담겨 있어.
담배가 나쁜 줄 알면서도 끊지 못하는 이유는 중독성이 아주 강하기 때문이야.
담배 속 니코틴은 마약인 대마초보다 중독성이 더 강력해.
게다가 손쉽게 구할 수 있으니 담배의 덫에서 빠져나오기는 쉽지 않아.
한번 담배를 피우면 건강을 위해 뒤늦게 담배를 끊으려 하더라도 성공하기는 무척 어려워.
담배를 피우지 않으면 자꾸 짜증이 나고 머리가 멍해지고 속도 답답해.
심하면 손이 떨리기도 해.
담배에 중독된 뇌가 담배를 피우라고 신호를 주는 거야.
그러니까 처음부터 아예 담배를 입에 대지 않는 게 낫겠지?

13 유해 물질로부터 스스로를 지키려면?

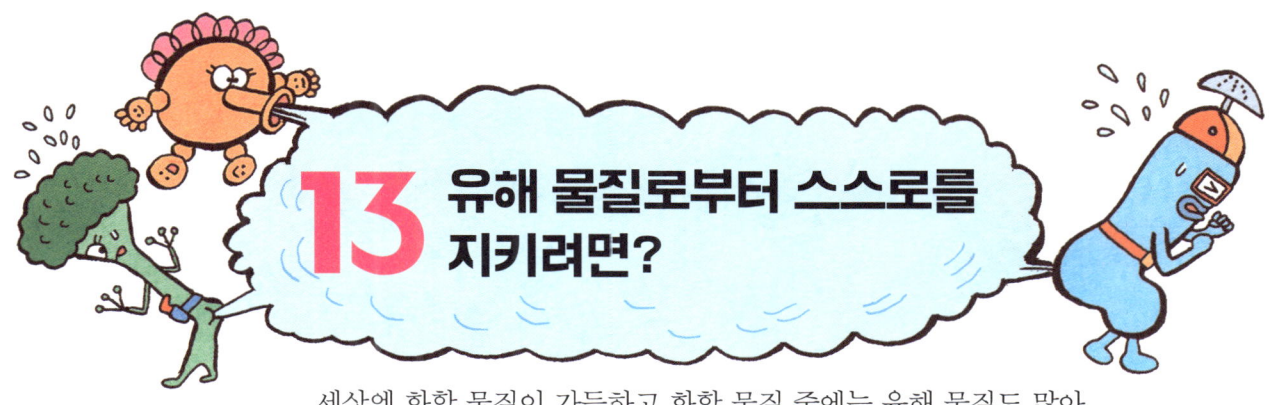

세상엔 화학 물질이 가득하고 화학 물질 중에는 유해 물질도 많아.
어떻게 하면 내 몸을 안전하게 지킬 수 있을까?

❶ 헌 물건만 쓴다.

❷ 연고는 바르지 않는다.

❸ 머리는 일주일에 한 번만 감는다.

❹ 물건 살 때 성분표를 꼼꼼히 확인한다.

앞에서도 살펴봤듯이 화학 물질 없이 살기는 어려워.
화학 물질이 들어간 제품을 안전하게 사용하려면 어떻게 해야 할까?
꼭 필요한 제품이 아니라면 아예 쓰지 않는 게 제일이야.
하지만 샴푸나 세제처럼 꼭 필요한 거라면 적당한 양만 사용하는 것이 좋아.
제품에 적혀 있는 양보다 많이 쓰면 몸에 해로워지니까.
일회용품을 덜 쓰고 즉석식품을 덜 먹는 것도 필요해. 새로 산 옷은 반드시 빨아서 입고,
새로 산 장난감, 책, 전자제품 등은 바람을 충분히 쐬어 환기시키도록 해.
또 물건을 살 때는 성분표를 꼼꼼히 살펴보고 유해 물질이 있는지 확인해.
예쁘고 값싸다고 아무 물건이나 사지 말고.
만약 유해 물질이 있는 제품을 발견하면 사지 말고, 더 나아가 제품을 만든 회사에
더 이상 이 제품을 만들지 말아 달라고 의견을 내는 것도 중요해. 그래야 회사에서
소비자들의 생각을 알 수 있으니까.
물건을 고를 때 친환경 마크가 있는지 확인하는 것도 좋은 방법이야.
이 마크가 있는 제품은 다른 제품에 비해 유해 물질을 덜 사용하고
환경을 덜 오염시킨다는 표시거든.
우리가 노력하면 어렵지만 유해 물질을 줄일 수 있어.

유해 물질로부터 나를 지키는
진짜 진짜 깔끔 왕 되기

미생물 삼총사의 핵심 정리

1. 꼭 필요한 게 아니면 사용하지 않기
2. 제품을 쓸 때 제품에 적혀 있는 적정량 쓰기
3. 물건 살 때 성분 꼼꼼히 살펴보기

4. 각종 친환경 마크 익혀 두기
5. 인스턴트식품, 전자레인지, 플라스틱 용기 사용하지 않기
6. 새 옷 빨아 입고 새 물건은 바람을 쐬어 환기하기

7. 유해 물질이 들어 있는 제품은 사지 말고 만든 회사에 만들지 말라고 의견 내기

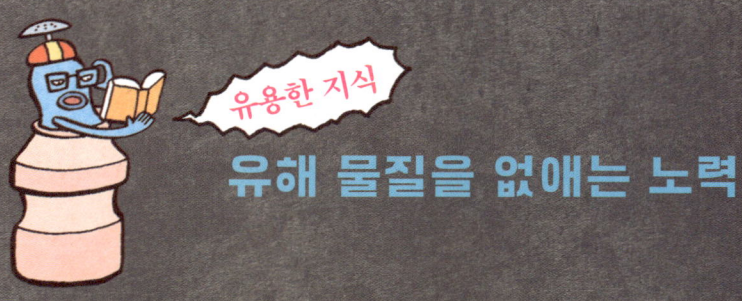

유용한 지식
유해 물질을 없애는 노력

정부에서는 유해 물질 때문에 생기는 건강 피해를 줄이기 위해 여러모로 노력 중이야.
기업에서 사람에게 해로운 제품을 만들지 못하도록 기준을 만들고 감시해.
또 여러 제품의 안전성을 꾸준히 검사한 다음 사람들에게 알려주는데,
사람들은 이 정보 덕분에 안전한 제품과 위험한 제품을 구별할 수 있지.
환경부에서는 어린이들이 유해 물질 정보를 쉽게 확인할 수 있게 하기 위해
'케미스토리'(www.chemistory.go.kr)라는 홈페이지를 운영하는데,
이곳에서는 퀴즈를 풀고 게임을 하면서 유해 물질 정보를 얻을 수 있어.
기업에서는 정부가 내놓은 안전 기준에 맞춰 제품을 만드는 한편,
사람과 환경에 해롭지 않은 재료를 개발하려고 노력해.
환경단체는 시민들을 대신하여 기업이 안전한 제품을 만드는지,
정부가 기업을 잘 감시하는지 꾸준히 살펴보며 사람들이 건강하게 살 수 있도록 돕지.
이처럼 정부와 기업, 환경단체는 유해 물질이 적은 세상을 만들기 위해 힘을 모으고 있어.

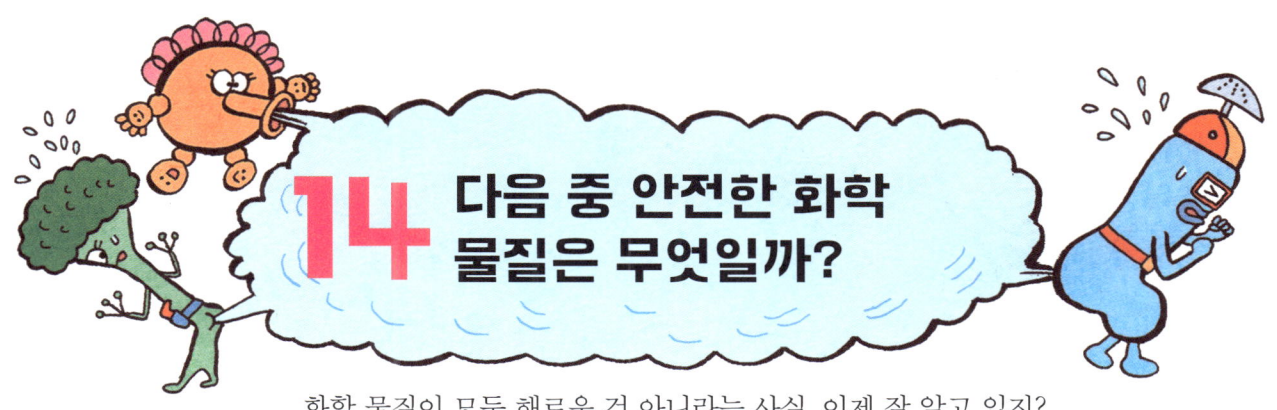

14 다음 중 안전한 화학 물질은 무엇일까?

화학 물질이 모두 해로운 건 아니라는 사실, 이제 잘 알고 있지?
우리 몸을 해치지 않는 안전한 화학 물질도 있어.

❶ 과탄산 소다

주부 100단도 인정한 100%
순수 표백제 과탄산소다!!

순수 과탄산소다 100%

❷ 구연산

우리집 방역은 100%
구연산이 책임집니다!!

아이~시어~ 구연산 100%

❸ 베이킹 소다

수돗물 유충이 걱정이라고요?
요리하고 남은 베이킹 소다가 책임집니다!

천사표 먹는 소다 베이킹 소다

❹ 베이킹왕짱

요리에 자신 없다고요? 베이킹
왕짱을 써보세요. 끝내줍니다!!

요리의 왕 베이킹 왕짱 100% 신비한 물질

자연에서 저절로 생기는 화학 물질 중에는 라듐처럼 몸에 해로운 물질도 있지만,
바닷물이 마르면 생기는 소금, 우리 몸속 뼈가 되는 칼슘,
숲속에서 발생하는 피톤치드 등 적절한 양이라면 몸에 좋은 화학 물질도 있어.
아래와 같은 화학 물질을 적당히 사용하면
우리 몸은 물론 환경을 지키는 데도 큰 도움이 된단다.

걱정 마 안전

옷에 포도 물이 들었을 때는 과탄산 소다로 빨면 좋아.
과탄산 소다는 때·찌꺼기·세균을 없애는 데 효과가 좋아서
빨래와 청소에 두루 이용할 수 있어. 특히 얼룩을 없애는 데 아주 좋지.
빨래를 헹굴 때는 구연산을 이용해. 곰팡이와 세균을 없애는 데 효과가 뛰어날 뿐
아니라 섬유를 부드럽게 해서 섬유 유연제 대신 이용한단다.
베이킹 소다는 원래 빵을 부풀리는 데 쓰는 화학 물질인데 때를 빼내고 냄새를 없애기도 해.
그래서 욕실 청소할 때 많이 쓰여. 목욕할 때 섞어 사용하면 피부도 매끈해져.
식초는 세균을 줄여 줘서 더러운 곳을 닦을 때 많이 쓰고,
설거지할 때 밀가루와 식초를 물과 섞어 사용하면 기름때까지 싹 빠져.
집에서 벌레를 쫓아내고 싶을 땐 계피를 이용해 봐.
곤충은 계피 냄새를 아주 싫어하거든.
하지만 무엇이든 지나치면 좋지 않은 법이어서
꼭 필요한 만큼만 써야 해.

놀라운 지식

화학 물질은 무조건 거부?

가습기 살균제 사건이 일어나고, 기저귀와 생리대에서 유해 물질이 나오고, 달걀에서 살충제 성분이 나오는 사건이 이어지면서 화학 물질에 대한 두려움이 점점 커졌어. 결국 화학 물질을 거부하는 사람도 생겨났단다.
'노푸족'이란 말을 들어봤니? '노푸(No Poo)족'이란
'노(no)+샴푸(shampoo)'의 줄임말로 샴푸 없이 머리를 감는 사람들이야.
샴푸 속 화학 물질이 우리 몸에 해롭다며 물로만 머리를 감아.
샴푸 없이 머리를 감으면 두피의 때가 잘 사라지지 않아 염증이 생길 수도 있어.
샴푸를 아예 사용하지 않는 대신, 유해 물질이 없는 천연 샴푸를 쓰든가,
적은 양의 샴푸로 머리를 꼼꼼히 감든가, 샴푸를 물로 충분히 잘 헹궈 내면
몸에 들어오는 화학 물질을 줄일 수 있어.
아이들에게 화학 물질이 들어간 약을 쓰지 않는 모임도 있었는데,
그 모임에서는 아이들에게 예방 접종을 하지도 않고, 고열에도 해열제를
먹이지 않았어. 심지어 뜨거운 물에 데인 아이도 병원에 데려가지 않았지.
제때 적절한 약으로 치료받지 못한 아이들은 평생 상처를 안고 살 수도 있어.
꼭 필요한 때 필요한 만큼만 약을 썼더라면 이런 일이 없었을 텐데 말이야.

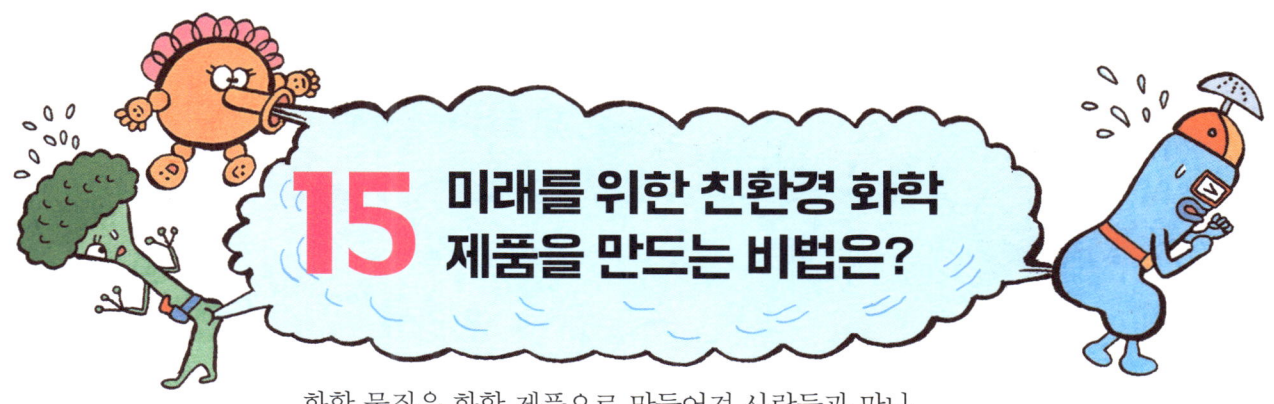

15 미래를 위한 친환경 화학 제품을 만드는 비법은?

화학 물질은 화학 제품으로 만들어져 사람들과 만나.
안전한 화학 제품을 만드는 방법이 있을까?

❶ 옥수수로 플라스틱을 만든다.

"옥수수로 만든 블록 장난감입니다. 가지고 놀다가"
"팝콘이 먹고 싶다? 전자레인지에 넣고 튀기면 됩니다."

❷ 석유로 옷을 만든다.

"석유로 만든 옷입니다. 평소에 입고 다니다가"
"석유가 필요하다? 짜주면 됩니다!"

❸ 침과 코딱지로 세제를 만든다.

"침과 코딱지로 만든 친환경 세제 침딱지입니다."
"만약 세제가 다 떨어졌다? 본인의 침을 묻혀 닦으면 끝입니다."

❹ 구름으로 스티로폼을 만든다.

"구름으로 만든 무공해 스티로폼입니다. 못 믿겠다고요?"
"자 떴죠!"
"진짜 떴어~"

정답은 1) 옥수수로 플라스틱을 만든다.

플라스틱 병은 100년이 넘어야 땅속에서 분해돼. 스티로폼은 500년이나 걸리고.
플라스틱, 스티로폼, 비닐, 유리 같은 쓰레기를 부지런히 재활용하지만
나날이 늘어나는 화학 제품을 처리하기엔 턱없이 부족한 상황이야.
그렇다면 플라스틱을 아예 쓰지 말아야 할까?
당장 플라스틱이 사라지면 온 세상이 마비될지도 몰라.
환경에 해를 끼치지 않는 플라스틱을 쓴다면 이 문제를 차츰 해결할 수 있어.
옥수수, 콩, 사탕수수, 해조류 같은 원료로 플라스틱을 만드는데,
이런 플라스틱을 '바이오 플라스틱'이라 불러.
천연 원료로 만든 바이오 플라스틱은 땅에 묻으면 잘 분해돼.
분해된 플라스틱은 농사지을 때 거름으로 쓸 수도 있지. 게다가 환경 호르몬도
나오지 않으니 아기들이 사용하는 젖병, 유모차, 장난감도 안심하고 쓸 수 있어.
하지만 식량을 원료로 이용한다는 점은 기억해야 해. 지구에는 굶주리는 사람이 아직 많으니까.
그러니 플라스틱을 덜 사용하는 것이 가장 좋겠지?

놀라운 지식

달콤한 석유, 바이오 에너지

콩, 옥수수, 고구마, 사탕수수……
놀랍게도 사람들이 먹는 이 농작물이 자동차 연료로도 쓰인단다.
이렇게 식물로 만든 에너지를 '바이오 에너지'라고 하는데,
석유보다 이산화탄소를 훨씬 적게 만들어서 환경을 지키는 데 큰 도움이 돼.
식물은 물과 햇빛만 있으면 자라니까 석유처럼 바닥날 걱정도 없지.
브라질에서는 휘발유와 바이오 에너지를 동시에 사용하는 자동차가
판매되는 자동차의 80%가 넘는다니 대단하지?
우리나라는 의무적으로 연료에 바이오 연료를 일부 섞도록 법으로 정했어.
미세먼지를 줄이고 환경을 살리기 위해서지. 독일, 프랑스, 네덜란드,
오스트리아 등 유럽 국가도 바이오 에너지를 의무적으로 사용 중이야.

다만 옥수수를 연료로 쓰다 보니 부작용도 있어.
옥수수가 바이오 에너지로 인기를 끌면서 옥수수 가격이 올랐어. 옥수수를
식량으로 먹는 사람들은 돈을 더 주고 옥수수를 사야 하니 불만이 많지.
그뿐만 아니라 다양한 식물이 살던 숲을 없애고 옥수수만 대량으로 키우면서
생태계도 파괴되었어. 이런 문제를 보완하기 위해 지금은 해조류처럼
사람이 먹지 않는 것을 연료로 개발하고 있단다.

다 함께 불러 보자 유해 물질 송!!

'독도는 우리 땅'에 맞춰 불러 봐요!

방부제 파라벤, 세제 속의 파라벤
물티슈와 치약도 확인하세요
플라스틱 부드럽게 프-탈-레이트
장난감에 있어요

트-리-클로산 항균 기능 세제에
비누와 화장품 조심하세요
호르몬 분비를 방해하는 알킬페놀
세제 린스에 있어요

토토토 톨루엔 구토 복통 톨루엔
접착제 페인트 새집에 있어요
환-경-호르몬 비스페놀A-
번호표 영수증 피해요

화장품에 쓰이는 프로필렌글리콜
빵 과자가 촉촉하면 의심하세요
CMIT, MIT 코로 마시면 위험해
가습기 살균제에 들어 있어요

새-집-증후군 포-름-알데히드
창문 열어 환기하고 식물 키워요
납, 니켈, 카드뮴 같은 중금속
페인트를 조심하세요

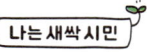

퀴즈, 유해 물질! 미생물이 묻고 어린이가 답한다

처음 펴낸 날 2021년 5월 7일 **세 번째 펴낸 날** 2025년 4월 11일

글 양서윤 **그림** 이경석 **감수** 최경호
편집 오지명 **디자인** 효효스튜디오
펴낸이 이은수 **펴낸곳** 초록개구리 **출판등록** 2004년 11월 22일 (제300-2004-217호)
주소 서울시 종로구 비봉2길 32, 3동 101호 **전화** 02-6385-9930 **팩스** 0303-3443-9930
인스타그램 www.instagram.com/greenfrog_pub

ISBN 979-11-5782-102-0 74430 ISBN 979-11-5782-035-1 (세트)